창작의 정석 1

✲ 고전인문철학수업 1

1. 과거를 창조함에 대하여 (플라톤, 소크라테스의 변명)
2. 소극적 자유와 적극적 자유에 대하여 (니체, 인간적인 너무나 인간적인)
3. 자유의지에 대하여 (도스토예프스키, 지하생활자의 수기)
4. 자유로운 일과 자유를 주는 일에 대하여 (아우렐리우스, 명상록)
5. 창조의 힘, 개별의지에 대하여 (루소, 인간불평등기원론)
6,. 개별의지의 적용에 대하여 (플라톤, 국가 Ⅰ)
7. 선택받는 삶과 선택하는 삶에 대하여 (데카르트, 방법서설)
8. 올바름과 어리석음에 대하여 (플라톤, 국가 Ⅱ)

✲ 고전인문철학수업 2

9. 제3의 탄생에 대하여 (베이컨, 신논리학)
10. 꿈의 구조도에 대하여 (한비, 한비자)
11. 생각의 지도에 대하여 (통합사유철학강의)
12. 숭고한 나눔에 대하여 (칼릴지브란, 예언자)
13. 명예로운 삶에 대하여 (아우렐리우스, 명상록)
14. 우리에게 중요한 것들에 대하여 (생텍쥐페리, 어린 왕자)
15. 삶의 목적에 대하여 (장자, 장자)
16. 참과 진리에 대하여 (니체, 반시대적 고찰)

✲ 고전인문철학수업 3

17. 여유로움과 나태함에 대하여 (키르케고르, 디아프살마타)
18. 성찰과 회복에 대하여 (데카르트, 성찰)
19. 아름다움에 대하여 (칼릴지브란, 예언자)
20. 행동과 열정에 대하여 (서머싯 몸, 달과 6펜스)
21. 겸손과 지혜에 대하여 (한비, 한비자)
22. 인식의 세 단계에 대하여 (니체, 차라투스트라는 이렇게 말했다)
23. 진실과 오해에 대하여 (체호프, 체호프 단편선)
24. 인간의 조건에 대하여 (카프카, 변신)

✸ 고전인문철학수업 4

25. 평등한 세상을 위하여 (루소, 사회계약론)
26. 인간의 본성에 대하여 (알퐁스 도데, 별)
27. 문제와 해결에 대하여 (헤르만 헤세, 데미안)
28. 허영과 충만에 대하여 (파스칼, 팡세)
29. 편견과 본성에 대하여 (마크트웨인, 왕자와 거지)
30. 자기철학에 대하여 (아우렐리우스, 명상록)
31. 자존과 수용에 대하여 (사르트르, 문학이란 무엇인가)
32. 노력과 만족에 대하여 (이솝, 이솝 우화)

✸ 고전인문철학수업 5

33. 배려와 희생에 대하여 (법구, 법구경)
34. 유익과 선에 대하여 (키케로, 의무론)
35. 존재에 대하여 (사르트르, 구토)
36. 시대정신에 대하여 (헤겔, 역사철학강의)
37. 목적과 자격에 대하여 (아리스토텔레스, 정치학)
38. 인내와 용기에 대하여 (성서, 잠언)
39. 배움의 이유에 대하여 (마키아벨리, 군주론)
40. 성공의 길과 진리의 길에 대하여 (헤르만 헤세, 나비)

✸ 고전인문철학수업 6

41. 이해와 사랑에 대하여 (오헨리, 마지막 잎새)
42. 이해와 득실에 대하여 (냉철한 그리고 분노하는, 철학자들의 생각)
43. 합리적 계책에 대하여 (나관중, 삼국지)
44. 평등과 자격에 대하여 (냉철한 그리고 분노하는, 철학자들의 생각)
45. 시간과 존재에 대하여 (실존을 넘어서)
46. 자유와 평등에 대하여 (홉스, 리바이어던)
47. 관계와 인간에 대하여 (니체, 인간적인 너무나 인간적인 Ⅰ)
48. 나와 [나]에 대하여 (니체, 인간적인 너무나 인간적인 Ⅱ)

✱ 토론의 정석 1
| 인문철학교육총서 7 |

49. 우리 시대 약자는 살기 괜찮은가: 약자에 대한 판결 불공정 문제
50. 우리 시대 교육은 문제없는가: 대학 서열 문제
51. 우리 시대 직업은 그 역할을 다하고 있는가: 직업 서열 문제
52. 우리 시대는 술과 정신병 문제에 대한 대처를 잘하고 있는가: 술, 정신병 문제
53. 우리 시대는 부동산 등 불로소득을 잘 징계하고 있는가: 부동산, 불로소득 문제
54. 우리 시대 종교는 타락하고 있지 않은가: 타락한 종교 문제
55. 우리 시대는 처벌에 대해 평등의 원칙을 잘 준수하는가: 공평한 벌금 문제
56. 우리 시대는 정당방위를 충분히 보장하고 있는가: 정당방위 문제

✱ 토론의 정석 2
| 인문철학교육총서 8 |

57. 우리 시대는 계층 문제를 충분히 고려하고 있는가: 계층 문제
58. 우리 시대의 제사, 결혼, 장례 문화는 적절한가: 제사, 결혼, 장례의 전통 문제
59. 우리 시대는 상속을 왜 허용하면 안 되는가: 상속 문제
60. 우리 시대는 아직 일본과의 관계를 해결하지 못하고 있는가: 일본과의 관계 문제
61. 우리 시대는 남북통일을 잘 추진하고 있는가: 남북한 통일 문제
62. 우리 시대는 한중일 3국 연합을 준비하고 있는가: 한중일 연합 문제
63. 우리 시대는 개인의 생명과 안전을 스스로 지킬 수 있는가: 총기 소지 문제
64. 우리 시대는 모두의 인권을 존중해야 하는가: 인권과 사형 문제

✱ 논술의 정석 1
| 인문철학교육총서 9 |

65. 인간과 문화에 대하여: 비교와 추론
66. 인간과 환경에 대하여: 추론과 비판
67. 인간과 문학에 대하여: 비교와 평가
68. 인간과 예술에 대하여: 비교와 관점
69. 인간과 리더에 대하여: 분류와 평가
70. 인간과 평등에 대하여: 비교와 비판
71. 인간과 문명에 대하여: 비교와 대안
72. 인간과 운명에 대하여: 활용과 평가

✻ 논술의 정석 2

| 인문철학교육총서 10 |

73. 인간과 평화에 대하여: 비교와 추론
74. 인간과 기계에 대하여: 비교와 설명
75. 인간과 성취에 대하여: 비교와 평가
76. 인간과 정직에 대하여: 차이와 해석
77. 인간과 공정에 대하여: 핵심과 전개
78. 인간과 사회에 대하여: 추론과 근거
79. 인간과 빈곤에 대하여: 옹호와 비판
80. 인간과 존엄에 대하여: 서술과 한계

✻ 논술의 정석 3

| 인문철학교육총서 11 |

81. 인간과 합리에 대하여: 분류와 추론
82. 인간과 실존에 대하여: 적용과 해석
83. 인간과 발전에 대하여: 분석과 견해
84. 인간과 윤리에 대하여: 논점과 비판
85. 인간과 소외에 대하여: 해석과 대안
86. 인간과 대안에 대하여: 분석과 타당
87. 인간과 신뢰에 대하여: 평가와 추론
88. 인간과 정의에 대하여: 분류와 요약

✻ 창작의 정석 1

| 인문철학교육총서 12 |

89. 명예로움에 대하여: 수필
90. 숭고함에 대하여: 수필
91. 자기 세계에 대하여: 수필
92. 방향(芳香)에 대하여: 수필
93. 가난함에 대하여: 논설
94. 강함에 대하여: 논설
95. 오류에 대하여: 논설
96. 기다림에 대하여: 논설

✻ 창작의 정석 2
| 인문철학교육총서 13 |

97. 바라지 않음에 대하여: 우화/동화/시
98. 어리석음에 대하여: 우화/동화/시
99. 우월함에 대하여: 우화/동화/시
100. 무아(無我)에 대하여: 우화/동화/시
101. 감성에 대하여: 소설/극본
102. 의지에 대하여: 소설/극본
103. 거짓에 대하여: 소설/극본
104. 진리에 대하여: 소설/극본

인문철학교육총서

창작의 정석 1

지성과문학사

창작의 정석 1

인문철학교육총서 12

창작의 정석 1

    이 책은 창의적 글쓰기(창작)를 위한 인문철학 교육서이다. 이 책은 인문철학을 시작하려는 사람에게 상당히 적합한 책이다. 이 책은 인문철학을 깊이 전공하는 전문가에게도 자못 적합한 책이다. 이 책은 모든 학생이 공부할 수 있는 책이다. 이 책은 삶의 목표를 찾고 있는 사람에게 괜찮은 책이다. 이 책은 세상을 이끌려는 리더에게 그런대로 적합한 책이다. 이 책은 학생들을 가르치는 교육자에게 꽤 적합한 책이다. 이 책은 삶을 뒤돌아보는 이들에게 때때로 적합한 책이다. 이 책은 무슨 책을 읽어야 할지 모르는 사람들에게 나쁘지 않은 책이다. 이 책은 자신이 부족해 보일 때 조금 용기를 주는 책이다. 이 책은 누군가 거만한 사람에게 선물하면 좋은 책이다. 이 책은 소중한 사람들과 같이 공부하기에 제법 적합한 책이다. 이 책은 차분히 삶을 디자인하려는 사람에게 조금은 도움이 되는 책이다.

JH

인문철학교육총서

차례

창작의 정석 1

89. 명예로움에 대하여: 수필　*11*

90. 숭고함에 대하여: 수필　*43*

91. 자기 세계에 대하여: 수필　*75*

92. 방향(芳香)에 대하여: 수필　*107*

93. 가난함에 대하여: 논설　*139*

94. 강함에 대하여: 논설　*171*

95. 오류에 대하여: 논설　*203*

96. 기다림에 대하여: 논설　*235*

인문철학교육총서

89. 명예로움에 대하여

명예로움의 기준은 무엇인가?

89. 명예로움에 대하여

*

*

1. 나에 대하여

문제 30년 후 내가 가진 명예에 대하여 예상하여 기술하시오. (400자)

2. 창의적 글쓰기: 수필

1
명예

명예를 위해 살지 말고

명예롭게 살라.

2. 창의적 글쓰기: 수필

내용 1 자신이 명예를 위해 한 일, 명예롭게 한 일, 하나 씩을 기술하시오. (300자)
내용 2 우리 사회를 비판하고 대안을 제시하시오. (300자)

200자

400자

600자

89. 명예로움에 대하여

2. 창의적 글쓰기: 수필

2

순수함

별을 쳐다보는 순수한 자의

맑은 눈동자가 그립다.

아이들이 그렇듯이

순수는 행복의 조건이다.

2. 창의적 글쓰기: 수필

내용 1 자신의 아이 같은 순수한 모습들을 기술하시오. (300자)
내용 2 우리 사회를 비판하고 대안을 제시하시오. (300자)

2. 창의적 글쓰기: 수필

3

매력

단 하나뿐인 것은

아름답지도 추하지도 않다.

2. 창의적 글쓰기: 수필

내용 1 자신의 매력, 한 가지를 기술하시오. (300자)
내용 2 우리 사회를 비판하고 대안을 제시하시오. (300자)

200자

400자

600자

89. 명예로움에 대하여

2. 창의적 글쓰기: 수필

4

어둠

어둠 속에서 어둠을 피할 수는 없다.

어둠을 피하는 방법 중 가장 어려운 것은 태양을 쫓아가는 것이다.

그런데 대부분 그 방법을 택하고

결국 지쳐 쓰러진다.

행복을 서둘러 쫓으면 비슷한 운명이 된다.

2. 창의적 글쓰기: 수필

내용 1   자신이 행복을 위해 노력하고 있는 것 하나를 기술하시오. (300자)
내용 2   우리 사회를 비판하고 대안을 제시하시오. (300자)

89. 명예로움에 대하여

2. 창의적 글쓰기: 수필

5

배우고 익히는 연습

진리를 가르치는 것

그것은 인간의 일이 아니다.

진리를 자기에 맞추어 배우려 하지 말라.

스스로 깨우치지 않은 진리로는 절대 행복할 수 없다.

2. 창의적 글쓰기: 수필

내용 1 내가 지금, 진리를 위해 노력하고 있는 것 하나를 기술하시오. (300자)
내용 2 우리 사회를 비판하고 대안을 제시하시오. (300자)

200자

400자

600자

89. 명예로움에 대하여

2. 창의적 글쓰기: 수필

6

진실

태양이 떠오르면

밤사이 생각한 것만큼 그렇게

감출 수 있는 것이 많지 않다.

아무것도 속이지 말라.

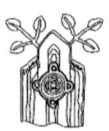

2. 창의적 글쓰기: 수필

내용 1 내가 지금 자신을 속이고 있는 것 하나를 기술하시오. (300자)
내용 2 우리 사회를 비판하고 대안을 제시하시오. (300자)

2. 창의적 글쓰기: 수필

7

자기 만들기

다른 사람 옷은 그것이 아무리 좋아도

빌려 입지 않는 것이 좋다.

크기와 색이 나에게 맞지 않아 어색하다.

2. 창의적 글쓰기: 수필

내용 1 지금, 나와 맞지 않는 것 하나를 기술하시오. (300자)
내용 2 우리 사회를 비판하고 대안을 제시하시오. (300자)

200자

400자

600자

89. 명예로움에 대하여

2. 창의적 글쓰기: 수필

8

고귀함

우아한 연기를 하는 배우를

우아하다고 생각하지는 않는다.

2. 창의적 글쓰기: 수필

내용 1 자신의 우아한 것 또는 고귀한 것 하나를 기술하시오. (300자)
내용 2 우리 사회를 비판하고 대안을 제시하시오. (300자)

200자

400자

600자

89. 명예로움에 대하여

2. 창의적 글쓰기: 수필

9
어제

우리는

어제 목표로 정한 것을 이루기 위해

오늘을 살아간다.

행복하지 않아도 어제의 일이다.

2. 창의적 글쓰기: 수필

내용 1 지금 내가 과거를 창조하고 있는 것 하나를 기술하시오. (300자)
내용 2 우리 사회를 비판하고 대안을 제시하시오. (300자)

89. 명예로움에 대하여

2. 창의적 글쓰기: 수필

10
굳건함

어지럽지 않으려면

흔들리지 않는 대지가 필요하다.

바다 위에서는 아무리 배의 바닥을 견고히 해도 소용없다.

행복은 천천히 튼튼하게 만들어가야 한다.

2. 창의적 글쓰기: 수필

내용 1 지금 나를 견고히 하고 있는 것, 하나를 기술하시오. (300자)
내용 2 우리 사회를 비판하고 대안을 제시하시오. (300자)

200자

400자

600자

89. 명예로움에 대하여

3. 천자문 (89/125)

省(살필 성) 躬(몸 궁) 譏(나무랄 기) 誡(경계 계)

경계하여 나무람이 있는가 몸을 살피고

寵(명예 총) 增(더할 증) 抗(저항할 항) 極(다할 극)

명예가 더할수록 교만을 더욱 조심하여야 한다.

성궁기계　　　총증항극

省躬譏誡 이고　寵增抗極 이라.

교만이 드러나면 명예는 한 순간 무너진다.

[한자 세 번, 뜻 한 번을 쓰시오]

4. 인문고전 추천 89

도덕의 계보 (니체)

　프리드리히 빌헬름 니체(1844~1900년)는 독일의 문헌학자이자 철학자이다. 서구의 오랜 전통을 깨고 새로운 가치를 세우고자 했기 때문에 '망치를 든 철학자'라는 별명이 있다. 그는 그리스도교 도덕과 합리주의의 기원을 밝히는 작업에 깊이 매진하였고, 이성적인 것들은 실제로는 비이성과 광기로부터 기원했다고 주장했다.

　관념론과 기독교는, 세계를 두 개로 구분짓는다. 이를테면 기독교는 이승 이외에도 하늘나라가 있다고 가르친다. 또한 플라톤은 세계를 현상계와 이데아계로 이분한다. 니체는 이러한 구분에 반대하며 '대지에서의 삶을 사랑할 것'을 주창하였다. 또한 현실에서의 삶을 비방하는 자들을 가리켜 퇴락한 인간이라 부르며 비판하였다. 이렇듯, '영원한 세계'나 '절대적 가치'를 인정하지 않는다는 점에서 니체는 관념론적 형이상학에 반대한다. 즉, 기독교에서 말하는 '하나님의 왕국' 혹은 칸트가 말하는 '목적의 왕국' 등에 반대하는 것인데, 특이하게도 부르주아 민주주의를 기독교의 아류로 보고 비판하기도 했다.

4. 독서 노트 (89)

['도덕의 계보'에 흐르는 정신(교훈)에 대하여]

1. 저자
   : 니체

2. 도서
   : 도덕의 계보

3. 독서노트
   (1) 중요하게 생각하는 열 가지 이야기를 기술하시오. (각 100자)
   (2) 정리한 열 가지 이야기에 흐르는 정신(교훈)을 네 가지로 나누고, 각 이야기를 인용하면서 '도덕의 계보'에 흐르는 네 가지 정신(교훈)에 대하여 설명하시오. (각 300자)

4. 기간
   : 2주

독서노트

(1) 중요하게 생각하는 열 가지 이야기를 기술하시오. (각 100자)

1.

2.

200자

3.

4.

400자

5.

600자

89. 명예로움에 대하여

독서노트

(1) 중요하게 생각하는 열 가지 이야기를 기술하시오. (각 100자)

6.

7.

8.

9.

10.

독서노트

(2) 정리한 열 가지 이야기에 흐르는 정신(교훈)을 네 가지로 나누고, 각 이야기를 인용하면서 '도덕의 계보'에 흐르는 네 가지 정신(교훈)에 대하여 설명하시오. (각 300자)

1.

2.

독서노트

(2) 정리한 열 가지 이야기에 흐르는 정신(교훈)을 네 가지로 나누고, 각 이야기를 인용하면서 '도덕의 계보'에 흐르는 네 가지 정신(교훈)에 대하여 설명하시오. (각 300자)

3.

4.

Summary

1. 나에 대하여

: 30년 후 내가 가진 명예에 대하여 예상하여 기술하시오.

2. 창의적 글쓰기

: 수필

3. 천자문

4. 독서 노트

: 도덕의 계보 (니체)

명예로움에 대하여

✱ 89. 명예로움에 대하여 자신의 생각을 종합하시오.

90. 숭고함에 대하여

우리 주변에 숭고한 자가 잘 보이지 않는 이유는 무엇인가?

90. 숭고함에 대하여

1. 나에 대하여

문제 나는 숭고한가? 아니, 앞으로 숭고할 마음은 있는가? (400자)

200자

400자

2. 창의적 글쓰기: 수필

11

숭고함

인문학은 인간에 대한 학문이고

철학은 인간을 위한 학문이다.

아무리 미천해도

사람을 위한 일을 하면 그는 이미 위대한 철학자이다.

2. 창의적 글쓰기: 수필

내용 1   **자신이** 사람을 위해 하고 있는 일, 하나를 기술하시오. (300자)
내용 2   우리 사회를 비판하고 대안을 제시하시오. (300자)

200자

400자

600자

90. 숭고함에 대하여

2. 창의적 글쓰기: 수필

12
목표

죽음의 순간에 도움이 되는 것을

삶의 목표로 우선하는 것이 좋다.

지금 비참하고 미천하다 해도

오래지 않아 모두 같아진다.

행복이 죽음의 순간, 최대가 되도록 목표한다.

2. 창의적 글쓰기: 수필

내용 1 죽음에 도움이 될 것 같은 것, 하나를 기술하시오. (300자)
내용 2 우리 사회를 비판하고 대안을 제시하시오. (300자)

200자

400자

600자

2. 창의적 글쓰기: 수필

13

행동

생각이 모여

삶이 되는 것이 아니라

행동이 모여

삶이 되는 것이다.

행복도 마찬가지.

2. 창의적 글쓰기: 수필

내용 1 지금 행동하고 있는 것 모두를 기술하시오. (300자)
내용 2 우리 사회를 비판하고 대안을 제시하시오. (300자)

200자

400자

600자

90. 숭고함에 대하여

2. 창의적 글쓰기: 수필

14

창작

인간의 역사가 지속되려면

태초에 신이 창조했던 것과

크게 다르지 않은 창조가 지속되어야 한다.

행복의 조건은 자기 창조이다.

2. 창의적 글쓰기: 수필

내용 1 자기 창조를 위해 노력하고 있는 것 하나를 기술하시오. (300자)
내용 2 우리 사회를 비판하고 대안을 제시하시오. (300자)

200자

400자

600자

90. 숭고함에 대하여

15

자존

억압을

권력과 힘없는 민중 사이의 문제라고 생각하면 오산이다.

그 근원은

'힘 있는 자와 힘없는 자' 사이의 문제이다.

모든 문제의 근원이 자존감으로 무장한 '나'일 수 있다.

자존감이 거만함이 되지 않도록 주의하라.

2. 창의적 글쓰기: 수필

내용 1   나의 자존감과 거만함 하나씩을 기술하시오. (300자)
내용 2   우리 사회를 비판하고 대안을 제시하시오. (300자)

90. 숭고함에 대하여

2. 창의적 글쓰기: 수필

16
무심

현시대에는

말을 하지 않는 것도 중요하지만

귀를 막고 다니는 것도 중요한 일이다.

행복은 돌아다니는 지식과는 전혀 무관하다.

2. 창의적 글쓰기: 수필

내용 1 지금 나에게 중요한 것과 하찮은 것 하나 씩을 기술하시오. (300자)
내용 2 우리 사회를 비판하고 대안을 제시하시오. (300자)

200자

400자

600자

90. 숭고함에 대하여

2. 창의적 글쓰기: 수필

17

기만

다른 사람을 다 속여도

나 자신을 속일 수는 없다.

보통 그것을 알아채는 "나" 는 조금 늦게 등장한다.

물론 의도적이다.

행복해 보이려 하지 말라. 행복한 것과는 다른 이야기다.

2. 창의적 글쓰기: 수필

내용 1 지금, 내가 나를 속이고 있는 것, 하나를 기술하시오. (300자)
내용 2 우리 사회를 비판하고 대안을 제시하시오. (300자)

200자

400자

600자

2. 창의적 글쓰기: 수필

18

과거

미래를 창조하는가

현재를 창조하는가

행복한 자는 과거를 창조한다.

보잘것없던 과거도 현재에 의해 재탄생한다.

2. 창의적 글쓰기: 수필

내용 1 내가 재창조하는 과거를 하나를 기술하시오. (300자)
내용 2 우리 사회를 비판하고 대안을 제시하시오. (300자)

200자

400자

600자

2. 창의적 글쓰기: 수필

19

배우

우리 삶 속

예정된 극본은 보통 엉터리이고

삼류 작가가 써 놓은 대본이 대부분이다.

더욱이 극본을 따르는 배우는

감독과 관객이 원하는 대로

하지 않을 수 없다.

행복하려면 이제 무대를 내려와라.

2. 창의적 글쓰기: 수필

내용 1 지금 내가 다른 사람들을 위해 꾸미고 있는 것 하나를 기술하시오. (300자)
내용 2 우리 사회를 비판하고 대안을 제시하시오. (300자)

200자

400자

600자

90. 숭고함에 대하여

2. 창의적 글쓰기: 수필

20

설득

자기 생각이

다수로부터 지지를 받지 못한다면

진리로부터 멀어져 있다고 보면 된다.

행복은 많은 부분, 다른 사람의 인정이 필요하다.

2. 창의적 글쓰기: 수필

내용 1 지금 내가 인정 받지 못하고 있는 것, 하나를 기술하시오. (300자)
내용 2 우리 사회를 비판하고 대안을 제시하시오. (300자)

200자

400자

600자

90. 숭고함에 대하여

3. 천자문 (90/125)

殆(위태 태) 辱(욕할 욕) 近(가까울 근) 恥(부끄러울 치)
욕된 일을 가까이 하면 위태함과 치욕이 찾아오고

林(수풀 림) 皐(언덕 고) 幸(행복 행) 卽(곧 즉)
수풀과 언덕에서 지내는 것도 행복한 일이다.

태욕근치   임고행즉

殆辱近恥 이고   林皐幸卽 이라.

숭고함은 욕심을 줄이는 데서 시작한다.

[한자 세 번, 뜻 한 번을 쓰시오]

중용 (자사)

자사(子思, 기원전 483~402년?)는 노나라(魯)의 유학자이다. '자사'는 자이며, 성씨는 공(孔), 이름은 급(伋)이다. 공자의 손자이자, 공리(孔鯉)의 외아들이다. 할아버지 공자의 제자인 증자의 제자가 되어, 유교의 학맥을 이어갔다. 보통 자사와 그의 학파에서 나온 맹자의 학맥을 유학의 정통 노선으로 간주한다.

《중용》의 요지는 요순 임금의 천하 통치의 정신이 도통인데, 이 도통의 요체는 중용에 있으므로 이를 터득하고 실천해야 한다는 것이다. 사람은 누구에게나 인간적 욕심과 도덕적 본성이 함께 내재되어 있어, 가장 지혜로운 사람이라도 인간적 욕심이 없을 수 없으며 가장 어리석은 사람이라도 도덕적 본성이 없을 수 없는데, 두 마음을 다스리는 이치가 중용이다. 도덕적 본성상 자기 자신의 주체가 되도록 하고 인간적 욕심이 매번 도덕적 본성의 명을 듣게 하는 것이 중용의 도를 실천하는 길이다. 이를 위하여 성(性), 도(道), 교(敎)라는 개념으로 천도와 인도와의 관계를 설명한다. 성은 하늘이 준 사람 속에 있는 하늘의 속성이다. 도는 하늘이 부여한 본연의 성을 따르는 것이다. 효도와 자식 사랑, 형제간의 우애, 가정의 화목, 이웃 사랑이 도이다. 교는 도를 마름질하는 것인데, 도를 구체화한 교훈, 예절, 법직, 세도 등으로 구체화된 것을 말한다.

《중용》의 주요 내용은 성(誠), 중용, 중화(中和)이다. 성은 진실무망이고, 중용은 치우치거나 기대지 않고 지나침도 모자람도 없는 평상의 이치다. 중화는 실천적 측면에서 중을 설명한 것이다. 희노애락이 일어나지 않는 상태를 중이라고 하며, 일어나고 모두 절도에 맞는 것을 화라고 한다.

4. 독서 노트 (90)

[중용에 흐르는 정신(교훈)에 대하여]

1. 저자
 : 자사

2. 도서
 : 중용

3. 독서노트
 (1) 중요하게 생각하는 열 가지 이야기를 기술하시오. (각 100자)
 (2) 정리한 열 가지 이야기에 흐르는 정신(교훈)을 세 가지로 나누고, 각 이야기를 인용하면서 '중용'에 흐르는 세 가지 정신(교훈)에 대하여 설명하시오. (각 300자)

4. 기간
 : 2주

독서노트

(1) 중요하게 생각하는 열 가지 이야기를 기술하시오. (각 100자)

1.

2.

200자

3.

4.

400자

5.

600자

독서노트

(1) 중요하게 생각하는 열 가지 이야기를 기술하시오. (각 100자)

6.

7.

8.

9.

10.

독서노트

(2) 정리한 열 가지 이야기에 흐르는 정신(교훈)을 세 가지로 나누고, 각 이야기를 인용하면서 '중용'에 흐르는 다섯 가지 정신(교훈)에 대하여 설명하시오. (각 300자)

1.

　　　　　　　　　　　　　　　　　　　　　　　　　　　200자

2.

　　　　　　　　　　　　　　　　　　　　　　　　　　　400자

　　　　　　　　　　　　　　　　　　　　　　　　　　　600자

독서노트

(2) 정리한 열 가지 이야기에 흐르는 정신(교훈)을 세 가지로 나누고, 각 이야기를 인용하면서 '중용'에 흐르는 다섯 가지 정신(교훈)에 대하여 설명하시오. (각 300자)

3.

Summary

1. 나에 대하여

: 나는 숭고한가? 아니, 앞으로 숭고할 마음은 있는가? (400자)

2. 창의적 글쓰기

: 수필

3. 천자문

4. 독서 노트

: 중용 (자사)

숭고함에 대하여

✽ 90. 숭고함에 대하여 자신의 생각을 종합하시오.

91. 자기 세계에 대하여

나는 내 세계가 따로 있는가?

91. 자기 세계에 대하여

1. 나에 대하여

문제 나만의 자기 세계를 자세히 구체적으로 기술하시오. (400자)

200자

400자

2. 창의적 글쓰기: 수필

21

자기 세계

신이 세상을 창조했던 것과 똑같이

우리는 매일 아침

자신의 세계를 창조한다.

자기만의 세상을 만들어 가는 것, 그것이 행복이다.

2. 창의적 글쓰기: 수필

내용 1 자기만의 세상, 하나를 기술하시오. (300자)
내용 2 우리 사회를 비판하고 대안을 제시하시오. (300자)

200자

400자

600자

91. 자기 세계에 대하여

2. 창의적 글쓰기: 수필

22

개별 진리

진리는 창조하는 것이 아니라 발견하는 것이다.

내가 진리를 만든 것도 아닌데

그것을 찾았다고 너무 자랑할 것 없다.

자신의 자랑스러운 지혜도 타인에게 별 쓸모 없다.

2. 창의적 글쓰기: 수필

내용 1 자신이 발견한 삶의 진리, 하나를 기술하시오. (300자)
내용 2 우리 사회를 비판하고 대안을 제시하시오. (300자)

200자

400자

600자

91. 자기 세계에 대하여

2. 창의적 글쓰기: 수필

23
겸허

과다한 지식은 겸손을 갉아먹어

진리의 길에 울타리를 높게 세운다.

겸손치 않으면

지나가는 가을바람도 그를 외면할 것이다.

겸손하면 최소한 불행하지는 않다.

2. 창의적 글쓰기: 수필

내용 1 자신의 겸손한 부분과 겸손하지 않는 부분을 하나씩 기술하시오. (300자)
내용 2 우리 사회를 비판하고 대안을 제시하시오. (300자)

2. 창의적 글쓰기: 수필

24

학자

학자인 척하는 자에게

존경할만한 것은

그의 기억력뿐이다.

지식만으로는 도저히 행복할 수 없다.

2. 창의적 글쓰기: 수필

내용 1 자신의 지혜가 행복에 별로 소용 없었던 경험, 하나를 기술하시오. (300자)
내용 2 우리 사회를 비판하고 대안을 제시하시오. (300자)

200자

400자

600자

91. 자기 세계에 대하여

2. 창의적 글쓰기: 수필

25

교제

교제술에 능숙하려면

자신에게 나태해지지 않을 수 없다.

사람과의 관계는 중요하다.

하지만 그것을 너무 중시하면

얻는 것보다 잃는 것이 더 많아진다.

행복은 내가 만드는 것이고 타인은 단지 도울 뿐이다.

2. 창의적 글쓰기: 수필

내용 1 교제 때문에 자신의 본성에 나태했던 일, 하나를 기술하시오. (300자)
내용 2 우리 사회를 비판하고 대안을 제시하시오. (300자)

200자

400자

600자

91. 자기 세계에 대하여

2. 창의적 글쓰기: 수필

26

평온함

삶에

편안함이 깃들게 하지 말라.

편안함은 마음으로 충분하다.

2. 창의적 글쓰기: 수필

내용 1 내가 진정으로 편안함을 느끼는 때는 언제인지 기술하시오. (300자)
내용 2 우리 사회를 비판하고 대안을 제시하시오. (300자)

200자

400자

600자

91. 자기 세계에 대하여

2. 창의적 글쓰기: 수필

27

탁월함

누군가를 교육하려면

그들을 압도하는 뛰어남이 필요하다.

사람들은 이들을 좋아하지 않는다.

주위에 교육자가 적은 이유이다.

탁월한 교육자가 줄어들면 행복도 줄어든다.

2. 창의적 글쓰기: 수필

내용 1   자신의 탁월한 점, 하나를 기술하시오. (300자)
내용 2   우리 사회를 비판하고 대안을 제시하시오. (300자)

200자

400자

600자

2. 창의적 글쓰기: 수필

28

다름

군중 속 자아 상실자는

겉으로는 누군가의 다름을 인정하지만

속으로는 그들을 어떻게 동화시킬지를 궁리한다.

그의 특징은 다수를 따르는 자신에 대하여

의외로 자존심이 강하다는 것이다.

다수에 속하는 것이 행복의 조건은 절대 아니다.

2. 창의적 글쓰기: 수필

내용 1 다수에 속해 안심했던 경험, 하나를 기술하시오. (300자)
내용 2 우리 사회를 비판하고 대안을 제시하시오. (300자)

200자

400자

600자

91. 자기 세계에 대하여

2. 창의적 글쓰기: 수필

29

유연함

고정된 자기주장은 만들지 않는 것이 좋다.

세상이 모두 적군뿐이고

상대하여 항복시켜야 하기 때문이다.

2. 창의적 글쓰기: 수필

내용 1   이것만은 틀림없는 사실이라고 생각하는 것, 하나를 기술하시오. (300자)
내용 2   우리 사회를 비판하고 대안을 제시하시오. (300자)

200자

400자

600자

91. 자기 세계에 대하여

2. 창의적 글쓰기: 수필

30

자기철학

암기하려면 철학은 공부하지 말라.

우스운 생각의 소유자가 될 뿐이다.

잘못된 자기철학은 행복을 차버린다.

2. 창의적 글쓰기: 수필

내용 1 자기철학(자기 가치관), 하나를 기술하시오. (300자)
내용 2 우리 사회를 비판하고 대안을 제시하시오. (300자)

200자

400자

600자

91. 자기 세계에 대하여

3. 천자문 (91/125)

兩(두 량) 疏(상소할 소) 見(볼 견) 機(틀 기)
두 중신이 나리의 기틀을 보고 상소하고 낙향하니

解(풀 해) 組(조직 조) 誰(누구 수) 逼(비난할 핍)
사직하고 돌아가니 누가 그들을 비난하리요.

양소견기   해조수핍

兩疏見機 이고   解組誰逼 이라.

자기만의 세계, 자기만의 철학을 지키기 위해서는 감수해야 할 일들이 있다.

[한자 세 번, 뜻 한 번을 쓰시오]

논어 (공자)

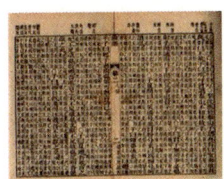

《논어》(論語)는 공자와 그 제자들의 대화를 기록한 책으로 사서의 하나이다. 저자는 명확히 알려져 있지 않으나, 공자의 제자들과 그 문인들이 공동 편찬한 것으로 추정되고 있다.

한 사람의 저자가 일관적인 구성을 바탕으로 서술한 것이 아니라, 공자의 생애 전체에 걸친 언행을 모아 놓은 것이기 때문에 여타의 경전들과는 달리 격언이나 금언을 모아 놓은 성격을 띤다. 공자가 제자 및 여러 사람들의 질문에 대답하고 토론한 것이 '논', 제자들에게 전해준 가르침을 '어'라고 부른다.

20편의 구성

상론(上論)	하론(下論)
제1편 학이(學而)	제11편 선진(先進)
제2편 위정(爲政)	제12편 안연(顔淵)
제3편 팔일(八佾)	제13편 자로(子路)
제4편 이인(里仁)	제14편 헌문(憲問)
제5편 공야장(公冶長)	제15편 위령공(衛靈公)
제6편 옹야(雍也)	제16편 계씨(季氏)
제7편 술이(述而)	제17편 양화(陽貨)
제8편 태백(泰佰)	제18편 미자(微子)
제9편 자한(子罕)	제19편 자장(子張)
제10편 향당(鄕黨)	제20편 요왈(堯曰)

91. 자기 세계에 대하여

4. 독서 노트 (91)

[논어에 흐르는 정신(교훈)에 대하여]

1. 저자
 : 공자

2. 도서
 : 논어

3. 독서노트
 (1) 중요하게 생각하는 열 가지 이야기를 기술하시오. (각 100자)
 (2) 정리한 열 가지 이야기에 흐르는 정신(교훈)을 세 가지로 나누고, 각 이야기를 인용하면서 '논어'에 흐르는 세 가지 정신(교훈)에 대하여 설명하시오. (각 300자)

4. 기간
 : 2주

독서노트

(1) 중요하게 생각하는 열 가지 이야기를 기술하시오. (각 100자)

1.

2.

200자

3.

4.

400자

5.

600자

독서노트

(1) 중요하게 생각하는 열 가지 이야기를 기술하시오. (각 100자)

6.

7.

8.

9.

10.

독서노트

(2) 정리한 열 가지 이야기에 흐르는 정신(교훈)을 세 가지로 나누고, 각 이야기를 인용하면서 '논어'에 흐르는 다섯 가지 정신(교훈)에 대하여 설명하시오. (각 300자)

1.

200자

2.

400자

600자

독서노트

(2) 정리한 열 가지 이야기에 흐르는 정신(교훈)을 세 가지로 나누고, 각 이야기를 인용하면서 '논어'에 흐르는 다섯 가지 정신(교훈)에 대하여 설명하시오. (각 300자)

3.

Summary

1. 나에 대하여

: 나만의 자기 세계를 자세히 구체적으로 기술하시오.

2. 창의적 글쓰기

: 수필

3. 천자문

4. 독서 노트

: 논어 (공자)

자기 세계에 대하여

✱ 91. 자기 세계에 대하여 자신의 생각을 종합하시오.

92. 방향(芳香)에 대하여

내 향기는 무엇인가?

92. 방향(芳香)에 대하여

1. 나에 대하여

문제 나만의 매력, 향기는 무엇인가? (400자)

92. 방향(芳香)에 대하여

2. 창의적 글쓰기: 수필

31
방향(芳香)

향나무로 만든

사자와 여우는

그 향이 다르지 않다.

행복은 향이다.

2. 창의적 글쓰기: 수필

내용 1 내가 다른 사람과 다르지 않은 것, 세 가지를 기술하시오. (300자)
내용 2 우리 사회를 비판하고 대안을 제시하시오. (300자)

200자

400자

600자

92. 방향(芳香)에 대하여

2. 창의적 글쓰기: 수필

32

숙독

올바른 독서는

그의 책이 아니라

그의 행복을 읽는 것이다.

2. 창의적 글쓰기: 수필

내용 1 내가 독서로부터 얻는 것, 하나를 기술하시오. (300자)
내용 2 우리 사회를 비판하고 대안을 제시하시오. (300자)

200자

400자

600자

92. 방향(芳香)에 대하여

2. 창의적 글쓰기: 수필

33
제3의 탄생

3의 탄생을 위하여

나아가라. 그대,

거칠고 험한 바람 부는 곳으로.

내가 있어야 행복하든 말든 할 것 아닌가!

2. 창의적 글쓰기: 수필

내용 1 자신이 새롭게 태어난 듯한 경험 하나를 기술하시오. (300자)
내용 2 우리 사회를 비판하고 대안을 제시하시오. (300자)

92. 방향(芳香)에 대하여

2. 창의적 글쓰기: 수필

34
확고함

억새는

느슨하게 잡으면

손을 베인다.

'확실히'는 행복의 조건, '적당히'는 불행의 조건이다.

2. 창의적 글쓰기: 수필

내용 1 자신의 철저하지 못하고 적당한 모습, 하나를 기술하시오. (300자)
내용 2 우리 사회를 비판하고 대안을 제시하시오. (300자)

200자

400자

600자

92. 방향(芳香)에 대하여

2. 창의적 글쓰기: 수필

35
겸손

다른 사람들에 대한 자신의 우월감이

오랫동안 지속되면

자신을 아직 어리다고 생각하면 된다.

우월함은 오래갈 수 없어 행복의 조건은 아니다.

2. 창의적 글쓰기: 수필

내용 1   자신이 우월하다고 생각하는 것, 하나를 기술하시오. (300자)
내용 2   우리 사회를 비판하고 대안을 제시하시오. (300자)

200자

400자

600자

92. 방향(芳香)에 대하여

2. 창의적 글쓰기: 수필

36

자기 형상화

아름다움을 찾아
사람들이 자신의 시간을 잃어버릴 때
그들은 자신 속 흙과 바람으로
아름다움을 형상화한다.

2. 창의적 글쓰기: 수필

내용 1 내가 스스로 만드는 아름다움 하나를 기술하시오. (300자)
내용 2 우리 사회를 비판하고 대안을 제시하시오. (300자)

92. 방향(芳香)에 대하여

2. 창의적 글쓰기: 수필

37

독서

많은 사람이 추천하는 책은 이제 그만 읽는 것이 좋다.

단, 30년이 지나도 사람들이 읽고 있는 책은

정독하는 것이 좋다.

책의 가치는 행복을 주는 기간에 비례한다.

2. 창의적 글쓰기: 수필

내용 1 최근에 읽은 책의 내용(의미)을 기술하시오. (300자)
내용 2 우리 사회를 비판하고 대안을 제시하시오. (300자)

200자

400자

600자

92. 방향(芳香)에 대하여

2. 창의적 글쓰기: 수필

38
동화

운율, 정서, 호흡과 자연스럽게 동화되지 않는

고상한 단어의 조합이 시로 둔갑하면

그 시는 거짓말을 하고 있는 것이다.

행복도 마찬가지.

2. 창의적 글쓰기: 수필

내용 1 자신이 생각하는 시의 조건에 대하여 기술하시오. (300자)
내용 2 우리 사회를 비판하고 대안을 제시하시오. (300자)

92. 방향(芳香)에 대하여

2. 창의적 글쓰기: 수필

39

용기

지금 혹시 푸줏간 앞, 개 신세는 아닌가?

고기와 뼛조각은 먹고 싶지만

주인의 매 때문에 접근할 수가 없으니.

두려움에 참고 있는 것은 행복에 최악이다.

2. 창의적 글쓰기: 수필

내용 1 지금 현재, 두려워 실행하지 못하고 있는 것, 하나를 기술하시오. (300자)
내용 2 우리 사회를 비판하고 대안을 제시하시오. (300자)

200자

400자

600자

92. 방향(芳香)에 대하여

2. 창의적 글쓰기: 수필

40

청빈

단정하게 입고

소박하게 먹고

편안히 쉴 작은 공간이 있다면

그것으로 충분하다.

2. 창의적 글쓰기: 수필

내용 1 자신의 잘못된 목표 (잘못된 가치관) 하나를 기술하시오. (300자)
내용 2 우리 사회를 비판하고 대안을 제시하시오. (300자)

200자

400자

600자

92. 방향(芳香)에 대하여

3. 천자문 (92/125)

索(찾을 색) 居(살 거) 閑(한가한) 處(곳 처)

한가한 곳에서 살 곳을 찾으니

沈(잠길 침) 黙(잠잠할 묵) 寂(고요할 적) 寥(고요 요)

나에 잠겨 고요하고 또 고요하다.

색거한처   침묵적요

索 居 閑 處 이니   沈 黙 寂 寥 이라.

자기만의 향기는 고요할 때 발산한다.

[한자 세 번, 뜻 한 번을 쓰시오]

4. 인문고전 추천 92

맹자 (맹자)

연대는 정확하지 않지만, 맹자는 공자가 죽고서 100년쯤 뒤 산둥성 쩌우청에서 태어났다. 그가 활약한 시기는 대체로 기원전 4세기 전반기다. 어머니 장(仉)씨는 맹자를 훌륭하게 키우기 위해 세 번 이사를 했다는 맹모삼천지교(孟母三遷之敎)로 유명한 현모로서, 어머니에게도 큰 감화를 받으며 학교의 수업을 마친 뒤, 공자의 고향인 노나라로 가서 공자의 손자인 자사의 문인에게서 공자가 편찬한 육경을 배웠다. 자사의 계통은 공자의 경우에는 별로 드러나지 않았던 '천(天)'의 신앙을 발전시키고 있었다.

제자백가 시대에 돌입한 당대에 묵자와 양주의 사상과 경쟁하며 유가 사상을 확립했다. 40세 이후에 인정(仁政)과 왕도정치를 주창하며 천하를 유력했다. 법가나 종횡가가 득세하는 세상과 타협하지 않았으며 은퇴했다. 60세 이후의 삶은 알려진 바가 없다.

《맹자》 7편은 만년의 저술이라고 하나 의문이며 실제로는 그의 제자들이 편찬한 것으로 봄이 옳을 것이다. 맹자의 사상은 하늘에 대한 숭경의 정념이라고 하겠다. 맹자는, 하늘은 인간을 포함한 만물을 낳고 그 피조물을 지배하는 영원불변의 법칙을 정해 이를 만물창조의 목직으로 산았다고 파악했다. 그리고 이 하늘과의 관련으로 인간 본연의 모습을 고찰하고 있다. 피조물인 인간에게는 하늘의 법칙성이 내재하고 있으며 하늘이 정한 법칙의 달성이 피조물인 인간의 목적이라는 것이 맹자의 기본적 인간관인 것이다.

92. 방향(芳香)에 대하여

4. 독서 노트 (92)

[맹자에 흐르는 정신(교훈)에 대하여]

1. 저자
  : 맹자

2. 도서
  : 맹자

3. 독서노트

  (1) 중요하게 생각하는 열 가지 이야기를 기술하시오. (각 100자)
  (2) 정리한 열 가지 이야기에 흐르는 정신(교훈)을 세 가지로 나누고, 각 이야기를 인용하면서 '맹자'에 흐르는 세 가지 정신(교훈)에 대하여 설명하시오. (각 300자)

4. 기간
  : 2주

독서노트

(1) 중요하게 생각하는 열 가지 이야기를 기술하시오. (각 100자)

1.

2.

200자

3.

4.

400자

5.

600자

92. 방향(芳香)에 대하여

독서노트

(1) 중요하게 생각하는 열 가지 이야기를 기술하시오. (각 100자)

6.

7.

8.

9.

10.

독서노트

(2) 정리한 열 가지 이야기에 흐르는 정신(교훈)을 세 가지로 나누고, 각 이야기를 인용하면서 '맹자'에 흐르는 다섯 가지 정신(교훈)에 대하여 설명하시오. (각 300자)

1.

200자

2.

400자

600자

독서노트

(2) 정리한 열 가지 이야기에 흐르는 정신(교훈)을 세 가지로 나누고, 각 이야기를 인용하면서 '맹자'에 흐르는 다섯 가지 정신(교훈)에 대하여 설명하시오. (각 300자)

3.

Summary

1. 나에 대하여

: 나만의 매력, 향기는 무엇인가?

2. 창의적 글쓰기

: 수필

3. 천자문

4. 독서 노트

: 맹자 (맹자)

방향(芳香)에 대하여

✱ 92. 방향(芳香)에 대하여 자신의 생각을 종합하시오.

93. 가난함에 대하여

나는 가난한가? 무엇이 가난한가?

93. 가난함에 대하여

1. 나에 대하여

문제 가난의 유익한 점, 열 가지를 기술하시오. (400자)

200자

400자

93. 가난함에 대하여

2. 창의적 글쓰기: 논설

41
가난

풍요에 겨운 '게으르고 살찐 부자'를 꿈꾸지 말라.

정말 그렇게 될 것이다.

세상 몇 가지 중요한 유익 중 하나가

가난이다.

2. 창의적 글쓰기: 논설

내용 1 내가 풍요를 바라는 이유 세 가지를 기술하시오. (300자)
내용 2 우리 사회를 비판하고 대안을 제시하시오. (300자)

200자

400자

600자

93. 가난함에 대하여

2. 창의적 글쓰기: 논설

42

견지(堅持)

하루에 하나씩 진리를 깨달아도

깨달음엔 끝이 없다.

사람은 아침마다 다시 어리석어진다.

2. 창의적 글쓰기: 논설

내용 1 내가 최근 새롭게 깨달은 것 한 가지를 기술하시오. (300자)
내용 2 우리 사회를 비판하고 대안을 제시하시오. (300자)

93. 가난함에 대하여

2. 창의적 글쓰기: 논설

43
먼 꿈

5년 후를 꿈꿀 때 그 꿈은 저 산 너머였고

10년 후 꿈에 젖었을 때 그 꿈은 저 하늘 너머였다.

그런데 30년 후를 꿈꾸면 여기 있는 이 모습 아닌가?

2. 창의적 글쓰기: 논설

내용 1   자신의 5년 후, 10년 후, 30년 후의 꿈을 기술하시오. (300자)
내용 2   우리 사회를 비판하고 대안을 제시하시오. (300자)

200자

400자

600자

93. 가난함에 대하여

2. 창의적 글쓰기: 논설

44

명랑함

쾌활함은 나를 드러나게 하고

명랑함은 나를 가라앉힌다.

쾌활함은 타인을, 명랑함은 나를 고려한다.

2. 창의적 글쓰기: 논설

내용 1   자신의 쾌활한 면과 명랑한 면을 기술하시오. (300자)
내용 2   우리 사회를 비판하고 대안을 제시하시오. (300자)

200자

400자

600자

93. 가난함에 대하여

2. 창의적 글쓰기: 논설

45

젊음

모든 생명체의 젊음에는

미래를 책임지는 고유한 의무가 있다.

자신, 가족, 민족, 인류를 책임지려는 자만이 '젊은 자'이다.

행복은 '젊은 자'의 특권이다.

2. 창의적 글쓰기: 논설

내용 1 자신이 지금 젊은 지를 기술하시오. (300자)
내용 2 우리 사회를 비판하고 대안을 제시하시오. (300자)

200자

400자

600자

93. 가난함에 대하여

2. 창의적 글쓰기: 논설

46
공평

손해 보지 않는 듯한 평등은 없다.

평등적 자유가 아니면

그곳에는 악취가 난다.

나만 행복한 세상은 절대 없다.

2. 창의적 글쓰기: 논설

내용 1 자신의 자유를 타인의 평등보다 우선시한 경험을 하나 기술하시오. (300자)
내용 2 우리 사회를 비판하고 대안을 제시하시오. (300자)

200자

400자

600자

93. 가난함에 대하여

2. 창의적 글쓰기: 논설

47

자유

자유에는

'소극적 자유'와 '적극적 자유'가 있다.

그 선택에 따라 노예도 왕도 될 수 있다.

2. 창의적 글쓰기: 논설

내용 1 자신의 소극적 자유와 적극적 자유를 하나 씩 기술하시오. (300자)
내용 2 우리 사회를 비판하고 대안을 제시하시오. (300자)

200자

400자

600자

93. 가난함에 대하여

2. 창의적 글쓰기: 논설

48

쟁취

투쟁과 행동 없는 자유는
12살 소년도 불가함을 이미 알고 있다.
행복은 타인이 보증하지 않는다.

2. 창의적 글쓰기: 논설

내용 1 무엇인가 투쟁, 노력하여 그것을 얻어낸 자신의 경험을 기술하시오. (300자)
내용 2 우리 사회를 비판하고 대안을 제시하시오. (300자)

93. 가난함에 대하여

2. 창의적 글쓰기: 논설

49

가라앉힘

나를 가라앉혀야 타인이 보이고

타인이 보여야 세상이 보이며

세상이 보여야 행복이 보인다.

2. 창의적 글쓰기: 논설

내용 1 내가, 타인이, 세상이 무엇인지 자신의 생각을 기술하시오. (300자)
내용 2 우리 사회를 비판하고 대안을 제시하시오. (300자)

200자

400자

600자

93. 가난함에 대하여

2. 창의적 글쓰기: 논설

50

냉철함

개에게 먹이를 던지면 먹이를 쫓고
사자에게 먹이를 던지면 그자를 덮친다.
개는 조롱거리이고 사자는 굶어 죽는다.
행복은 비굴함도 용맹스러움도 아닌 냉철함이 필요하다.

2. 창의적 글쓰기: 논설

내용 1 자신의 냉철한 면을 기술하시오. (300자)
내용 2 우리 사회를 비판하고 대안을 제시하시오. (300자)

200자

400자

600자

93. 가난함에 대하여

3. 천자문 (93/125)

求(구할 구) 古(옛 고) 尋(찾을 심) 論(의논할 론)

옛 것을 구하고 찾아 의논하니

散(한가로울 산) 慮(생각 려) 逍(거닐 소) 遙(멀 요)

한가로이 소요할 수 있다.

구고심론　　　　　산여소요

求古尋論 이니　　散慮逍遙 이라.

풍요롭지 않아도 소요할 수 있으면 그것으로 충분하다.

[한자 세 번, 뜻 한 번을 쓰시오]

4. 인문고전 추천 93

차라투스트라는 이렇게 말했다 (니체)

《차라투스트라는 이렇게 말했다》는 독일의 철학자 니체의 철학 소설이다. 영원 회귀, 신의 죽음, 초인(Übermensch, 超人)의 개념을 다룬다.

초기 저술들에서 니체는 소크라테스의 합리주의를 허무주의로 규정하고 아폴로적인 것과 디오니소스적인 것을 참다운 예술의 근원으로 본다. 미술적인 형식과 음악적인 내용이 예술의 원천을 이룬다는 주장이다. 중기 저술들에서 니체는 초기의 예술비판을 확장해 문명 전체에 대한 비판의 붓을 든다. 후기의 저서, 특히 《차라투스트라는 이렇게 말했다》는 현대 문명의 허무주의와 퇴폐주의를 강력히 비판하면서 생성 개념을 강조한다.

이 삶은 끊임없이 되돌아오므로 이러한 운명은 긍정하고 사랑해야 한다. 그럴 때 개인은 힘의지를 발휘하여 허무주의를 뛰어넘을 수 있다. 데카당, 허무주의, 인간말종(Der letzte Mensch) 등은 왜소하다. 왜소함을 극복하는 한 방편은 자신을 뛰어넘어[2] 창조하는 것이다. 다시 말해 위대한 정오로서 위버멘쉬가 되는 것이다.

4. 독서 노트 (93)

[차라투스트라는 이렇게 말했다에 흐르는 정신(교훈)에 대하여]

1. 저자
    : 니체

2. 도서
    : 차라투스트라는 이렇게 말했다 (3,4부)

3. 독서노트
    (1) 중요한 열 가지 이야기를 기술하시오. (각 100자)
    (2) '차라투스트라는 이렇게 말했다(3,4부)'에 흐르는 세 가지 정신(교훈)을, 내용을 인용하면서 각각 설명하시오. (각 300자)

4. 기간
    : 2주

독서노트

(1) 중요하게 생각하는 열 가지 이야기를 기술하시오. (각 100자)

1.

2.

200자

3.

4.

400자

5.

600자

93. 가난함에 대하여

독서노트

(1) 중요하게 생각하는 열 가지 이야기를 기술하시오. (각 100자)

6.

7.

8.

9.

10.

독서노트

(2) 정리한 열 가지 이야기에 흐르는 정신(교훈)을 세 가지로 나누고, 각 이야기를 인용하면서 '차라투스트라는 이렇게 말했다(3,4부)' 에 흐르는 다섯 가지 정신(교훈)에 대하여 설명하시오. (각 300자)

1.

200자

2.

400자

600자

93. 가난함에 대하여

독서노트

(2) 정리한 열 가지 이야기에 흐르는 정신(교훈)을 세 가지로 나누고, 각 이야기를 인용하면서 '차라투스트라는 이렇게 말했다(3,4부)'에 흐르는 다섯 가지 정신(교훈)에 대하여 설명하시오. (각 300자)

3.

Summary

1. 나에 대하여
　: 가난의 유익한 점, 열 가지를 기술하시오.

2. 창의적 글쓰기
　: 논설

3. 천자문

4. 독서 노트
　: 차라투스트라는 이렇게 말했다 (니체)

가난함에 대하여

✸ 93. 가난함에 대하여 자신의 생각을 종합하시오.

94. 강함에 대하여

나는 강한가, 약한가? 왜 강하고, 왜 약한가?

94. 강함에 대하여

1. 나에 대하여

문제 내가 강해지려고 노력한 구체적 경험을 자세히 기술하시오. (400자)

200자

400자

2. 창의적 글쓰기: 논설

51

강함

사람을 자기편으로 하려면

약함을 보여서는 안 된다.

그들이 따르는 자는

모두를 지켜 줄 강자이다.

2. 창의적 글쓰기: 논설

내용 1 자신의 강점과 약점, 한 가지씩을 기술하시오. (300자)
내용 2 우리 사회를 비판하고 대안을 제시하시오. (300자)

200자

400자

600자

94. 강함에 대하여

2. 창의적 글쓰기: 논설

52

수용

강함과 수용력은 비례한다.
타인을 수용하려면 자신을 가라앉혀
충분한 공간이 있어야 비로소 가능하다.

2. 창의적 글쓰기: 논설

내용 1 자신이 받아들일 수 없는 것, 세 가지를 기술하시오. (300자)
내용 2 우리 사회를 비판하고 대안을 제시하시오. (300자)

2. 창의적 글쓰기: 논설

53

호감

지나치게 사람의 호감을 사려는

모습이나 행동은

호감을 얻는 대신 신뢰를 잃는다.

2. 창의적 글쓰기: 논설

내용 1 자신이 타인에게 호감을 사려 한 행동 한 가지를 기술하시오. (300자)
내용 2 우리 사회를 비판하고 대안을 제시하시오. (300자)

2. 창의적 글쓰기: 논설

54
가르침

누군가 하얀 머리카락이 보이기 전에
자기 생각을 자신 있게 가르친다면
그것은 대부분 거짓이다.
행복을 알게 되는 때도 비슷하다.

2. 창의적 글쓰기: 논설

내용 1 자신이 무엇인가 타인에게 가르치려고 했던 경험을 기술하시오. (300자)
내용 2 우리 사회를 비판하고 대안을 제시하시오. (300자)

200자

400자

600자

94. 강함에 대하여

2. 창의적 글쓰기: 논설

55
고독

진리를 찾으려는 자는

사람들과 이야기할 시간이 그렇게 많지 않다.

위대한 정신의 행복한 '고독과 침묵'의 이유이다.

행복은 도무지 없는 곳이 없다.

2. 창의적 글쓰기: 논설

내용 1 고독 속에서 행복했던 경험을 기술하시오. (300자)
내용 2 우리 사회를 비판하고 대안을 제시하시오. (300자)

200자

400자

600자

2. 창의적 글쓰기: 논설

56

타인의 행복

자기는 열심히 말하고 있다고 생각하지만
상대가 듣고 싶은 말을 하지 않으면
대부분 소음일 뿐이다.
자기보다는 상대를 행복하게 해주기 쉬우니
서로 그러하면 세상은 행복해질 것이다.
행복의 조건이다.

2. 창의적 글쓰기: 논설

내용 1   자신이 타인을 행복하게 해 준 경험, 세 가지를 기술하시오. (300자)
내용 2   우리 사회를 비판하고 대안을 제시하시오. (300자)

2. 창의적 글쓰기: 논설

57
죽음

지혜로운 자는

뜨거운 일상, 생의 한가운데서

죽음으로 아무것도 잃지 않도록 준비한다.

2. 창의적 글쓰기: 논설

내용 1 죽음으로 잃는 것, 열 가지를 기술하시오. (300자)
내용 2 우리 사회를 비판하고 대안을 제시하시오. (300자)

200자

400자

600자

2. 창의적 글쓰기: 논설

58
평온함

씨 뿌리는 자의 마음이

평화로운 것은

해야 할 일이 결정되었기 때문이다.

2. 창의적 글쓰기: 논설

내용 1 지금 결정하지 못하고 있는 것들을 기술하시오. (300자)
내용 2 우리 사회를 비판하고 대안을 제시하시오. (300자)

200자

400자

600자

94. 강함에 대하여

2. 창의적 글쓰기: 논설

59

사람을 목적함

저편 호숫가에서 걷고 있는

인간의 아름다움으로

우리는 사람을 목적하지 않을 수 없다.

2. 창의적 글쓰기: 논설

내용 1 인간이 아름답다고 생각했던 경험을 기술하시오. (300자)
내용 2 우리 사회를 비판하고 대안을 제시하시오. (300자)

200자

400자

600자

94. 강함에 대하여

2. 창의적 글쓰기: 논설

60

무질서적 다양함

초라하지 않으려면

누군가에게 간파당하지 않아야 한다.

그러려면 자신을 끊임없이 변화시키지 않으면 안 된다.

따분한 책에서 가르치는 일관성의 미덕은

쓰레기통에 버리는 것이 좋다.

2. 창의적 글쓰기: 논설

내용 1   자신의 일관적이지 않고 무질서한 점을 기술하시오. (300자)
내용 2   우리 사회를 비판하고 대안을 제시하시오. (300자)

200자

400자

600자

3. 천자문 (94/125)

欣(기쁠 흔) 奏(아뢸 주) 累(어려울 루) 遣(보낼 견)

기쁨도 나누고 어려움도 나누니

瓷(슬플 척) 謝(물러날 사) 歡(기뻐할 환) 招(부를 초)

슬픔은 사라지고 즐거움만 일어난다.

흔주누결　　　　척사환초

欣奏累遣 이니　　瓷謝歡招 라.

강함은 나눔에서 시작한다.

[한자 세 번, 뜻 한 번을 쓰시오]

4. 인문고전 추천 94

육조단경 (혜능)

　육조혜능(六祖慧能: 638~713)은 7세기 당나라의 승려이다. 대한불교 조계종에서는 석가모니 이래 33대 조사, 중국 선불교 6대 조사로 공식 인정하며, 헌법에도 육조혜능이 명시되어 있기 때문에, 그의 유일한 설법인 육조단경을 매우 중요시한다. 육조단경은 육조혜능의 설법을 제자인 하택신회(荷澤神會: 685~760)가 책으로 편찬한 것이다. 남종선(南宗禪)의 개창자 육조혜능의 설법을 기록한 유일한 책이다.

　돈오돈수: 육조혜능은 석가모니 이래 이어져 내려온 전통적인 깨달음과는 매우 다른, 돈오돈수를 주장했다. 석가모니는 29세에 출가하여 1년 동안 당대 최고의 명상가를 찾아다녔고, 4년 동안 당대 최고라는 세명의 명상가로 부터 명상법을 최고경지까지 다 배웠으며, 1년 동안 그동안의 수행법에 문제가 있다고 하여, 수자타로 부터 우유를 받아먹고 보리수 나무 아래에서 명상을 하여 깨달음을 얻었다. 즉, 깨닫는데 1년의 명상이 필요했다. 그리고 깨닫고 나서도 40년간 설법을 하면서 평생을 명상을 했다.

4. 독서 노트 (94)

[육조단경에 흐르는 정신(교훈)에 대하여]

1. 저자
   : 혜능

2. 도서
   : 육조단경

3. 독서노트
   (1) 중요한 열 가지 이야기를 기술하시오. (각 100자)
   (2) '육조단경'에 흐르는 세 가지 정신(교훈)을, 내용을 인용하면서 각각 설명하시오. (각 300자)

4. 기간
   : 2주

독서노트

(1) 중요하게 생각하는 열 가지 이야기를 기술하시오. (각 100자)

1.

2.

200자

3.

4.

400자

5.

600자

독서노트

(1) 중요하게 생각하는 열 가지 이야기를 기술하시오. (각 100자)

6.

7.

8.

9.

10.

독서노트

(2) '육조단경'에 흐르는 세 가지 정신(교훈)을, 내용을 인용하면서 각각 설명하시오. (각 300자)

1.

2.

독서노트

(2) '육조단경'에 흐르는 세 가지 정신(교훈)을, 내용을 인용하면서 각각 설명하시오. (각 300자)

3.

Summary

1. 나에 대하여

: 내가 강해지려고 노력한 구체적 경험을 자세히 기술하시오.

2. 창의적 글쓰기

: 논설

3. 천자문

4. 독서 노트

: 육조단경 (혜능)

강함에 대하여

✽ 94. 강함에 대하여 자신의 생각을 종합하시오.

95. 오류에 대하여

내가 제대로 알고 있는 것이 있기는 한가?

95. 오류에 대하여

1. 나에 대하여

문제 잘못 알고 있었던 것을 바로 잡았던 경험을 구체적으로 기술하시오. 그리고 왜 잘못 알게 되었는지 그 이유를 설명하시오. (400자)

200자

400자

95. 오류에 대하여

2. 창의적 글쓰기: 논설

61

오류

내 생각이 틀리지 않다고 너무 믿는 것은

어리석음 아니면 오만함

둘 중 하나이다.

어느 쪽이든 행복하기는 어렵다.

2. 창의적 글쓰기: 논설

내용 1 '내 생각이 틀림없이 맞다'고 생각하는 것, 하나와 그 이유를 설명하시오. (300자)
내용 2 우리 사회를 비판하고 대안을 제시하시오. (300자)

200자

400자

600자

95. 오류에 대하여

2. 창의적 글쓰기: 논설

62

휴식

함께 휴식할 수 있는 자를 만나는 것은

굉장한 행운이다.

함께 휴식할 수 있는 책을 만나는 것도

못지않은 행운이다.

휴식은 행복의 조건이다.

2. 창의적 글쓰기: 논설

내용 1 함께 휴식할 수 있는 친구 한 명, 책 한 권을 구체적으로 기술하시오. (300자)
내용 2 우리 사회를 비판하고 대안을 제시하시오. (300자)

95. 오류에 대하여

2. 창의적 글쓰기: 논설

63

시간 모우기

우리가 즐겁고 여유로운 것은

아직 시간이 있기 때문이다.

우리가 모아야 할 것은

돈이 아니라 시간이다.

2. 창의적 글쓰기: 논설

내용 1   시간을 모으기 위해 하고 있는 일을 기술하시오. (300자)
내용 2   우리 사회를 비판하고 대안을 제시하시오. (300자)

2. 창의적 글쓰기: 논설

64

단념

옳고 그름의 판단은

신의 영역이지 인간의 영역이 아니다.

자기가 옳다고 너무 주장하면

신이 화를 낸다.

2. 창의적 글쓰기: 논설

내용 1 너무 지나친 자기 주장으로 일을 망친 일을 기술하시오. (300자)
내용 2 우리 사회를 비판하고 대안을 제시하시오. (300자)

95. 오류에 대하여

2. 창의적 글쓰기: 논설

65

돌아보기

거의 예외 없이

내가 열망했던 것이 '겨우 그것인가'라고

한숨짓는 것을 수없이 보아왔다.

우리 기억력이 좋지 않은 것은 틀림없다.

자신이 행복을 향해 가고 있는지 자꾸 돌아보라.

2. 창의적 글쓰기: 논설

내용 1 무엇인가 성취 후, 그것이 별 것 아니라는 것을 느낀 경험을 기술하시오. (300자)
내용 2 우리 사회를 비판하고 대안을 제시하시오. (300자)

95. 오류에 대하여

2. 창의적 글쓰기: 논설

66

수정

내가 옳다고 생각하는 것이 틀릴 확률은

맞을 확률보다 훨씬 높다.

나와 수많은 타인의 생각이 모두 다르기 때문이다.

여러 번, 자기 생각이 맞을 확률이 더 높다고 생각한다면

아직 공부가 부족한 증거이다.

타인의 생각이 대부분 괜찮아 보이면 행복에 가까운 증거이다.

2. 창의적 글쓰기: 논설

내용 1 타인의 생각이 더 훌륭해 보였던 경험을 기술하시오. (300자)
내용 2 우리 사회를 비판하고 대안을 제시하시오. (300자)

200자

400자

600자

95. 오류에 대하여

2. 창의적 글쓰기: 논설

67

변화

가장 어리석은 일 중 하나는

자기가 만든 원칙에 스스로 구속되는 것이다.

이는 땅에 금을 그어 놓고

여기를 넘지 않겠다고 하는 것과 다를 바 없다.

2. 창의적 글쓰기: 논설

내용 1 내 중요한 삶의 원칙 한 가지를 기술하시오. (300자)
내용 2 우리 사회를 비판하고 대안을 제시하시오. (300자)

200자

400자

600자

95. 오류에 대하여

2. 창의적 글쓰기: 논설

68

단순함

산은 산이고 물은 물이다.

바람은 바람이고 비는 비이다.

공연히 심오한 의미를 찾으려 애쓸 것 없다.

행복의 조건이다.

2. 창의적 글쓰기: 논설

내용 1 공연한 생각으로 밤잠을 설친 경험을 기술하시오. (300자)
내용 2 우리 사회를 비판하고 대안을 제시하시오. (300자)

2. 창의적 글쓰기: 논설

69

정리

도서관 서고 속 책에는 사람들이 발견한 보물로 가득하다.

그런데 책을 너무 많이 읽으면 보물이 너무 많아

보관해둘 곳이 마땅치 않다.

작더라도 정연히 정리된 창고가 생활에 더 유용하다.

2. 창의적 글쓰기: 논설

내용 1 자신이 읽은 책의 제목을 모두 기술하시오. (300자)
내용 2 우리 사회를 비판하고 대안을 제시하시오. (300자)

200자

400자

600자

95. 오류에 대하여

2. 창의적 글쓰기: 논설

70

평온함

평온한 죽음을 목표로 하는가?

평온한 삶을 목표로 하라.

죽음도 아직 삶이다.

2. 창의적 글쓰기: 논설

내용 1 나는 언제 평온한지, 그리고 그때 왜 평온한지 기술하시오. (300자)
내용 2 우리 사회를 비판하고 대안을 제시하시오. (300자)

200자

400자

600자

3. 천자문 (95/125)

渠(개천 거) 荷(연꽃 하) 的(과녁 적) 歷(지낼 력)
개천의 연꽃도 그 연유를 찾아 볼만 하고

園(동산 원) 莽(풀 망) 抽(거둘 추) 條(가지 조)
동산의 풀과 가지도 그 이유가 다 있다.

거하적역   원망추조

渠荷的歷 이니   園莽抽條 라.

우리가 알고 있는 것은 대부분 오류일 뿐이다.

[한자 세 번, 뜻 한 번을 쓰시오]

4. 인문고전 추천 95

순수이성비판 (칸트)

《순수이성비판》은 Immanuel Kant(이마누엘 칸트)가 1781년에 초판을 출간하고, 제2판을 1787년에 출간한 책으로, 철학의 역사에서 가장 영향력 있는 저서 중 하나이다. 이 책은 칸트의 "첫 번째 비판"으로 언급되기도 하는데, 이것은 이후에 나온 "실천 이성 비판"과 "판단력 비판"까지를 포함해서 생긴 말이다. 칸트는 이 책에서 형이상학을 학문(science)으로서 정립하려고 하였다.

순수이성이라는 말은 칸트가 만든 용어이며, 형이상학에서 벗어난 철학의 새로운 지평을 연 업적으로 인정되어 많은 연구의 대상이 되고 있다.

먼저 칸트는 의심의 여지 없는 학문이며 학문의 모범인 수학과 물리학의 진리가 어떻게 하여 성립하느냐를 문제로 삼았다. 과학적 진리가 성립되기 위해서는 먼저 감각적인 자극이 없어서는 안 된다. 그러나 혼돈된 자극을 "지금·여기에 있다"는 식으로, 정리된 어떤 지각으로 하는 것은 우리들의 감성이 시간적, 공간적으로 정리하기 때문이다. 그것을 명확한 지(=인식)로 삼기 위해서는 또한 생각하는 힘으로서의 오성(=지성)이 필요하다. 이리하여 우리늘에게 있어서 명확한 대상, 확실한 지(=인식)는 감성과 오성의 협동에 의하여 성립된다. 더욱 인식된 지(知)를 보다 소수의 원리로 정리해 가는 것이 이성이다. 이들 여러 능력은 근원적 나(自我)에 의하여 통일되어 있는 것이다.

95. 오류에 대하여

4. 독서 노트 (95)

[순수이성비판에 흐르는 정신(교훈)에 대하여]

1. 저자
 : 칸트

2. 도서
 : 순수이성비판 (서론)

3. 독서노트
 (1) 중요한 열 가지 이야기를 기술하시오. (각 100자)
 (2) '순수이성비판(서론)'에 흐르는 세 가지 정신(교훈)을, 내용을 인용하면서 각각 설명하시오. (각 300자)

4. 기간
 : 2주

독서노트

(1) 중요하게 생각하는 열 가지 이야기를 기술하시오. (각 100자)

1.

2.

200자

3.

4.

400자

5.

600자

95. 오류에 대하여

독서노트

(1) 중요하게 생각하는 열 가지 이야기를 기술하시오. (각 100자)

6.

7.

                                                                          200

8.

9.

                                                                          400

10.

                                                                          600

독서노트

(2) '순수이성비판 (서론)'에 흐르는 세 가지 정신(교훈)을, 내용을 인용하면서 각각 설명하시오.
(각 300자)

    1.

    2.

독서노트

(2) '순수이성비판 (서론)'에 흐르는 세 가지 정신(교훈)을, 내용을 인용하면서 각각 설명하시오. (각 300자)

3.

Summary

1. 나에 대하여
　: 잘못 알고 있었던 것을 바로 잡았던 경험을 구체적으로 기술하시오. 그리고 왜 잘못 알게 되었는지 그 이유를 설명하시오.

2. 창의적 글쓰기
　: 논설

3. 천자문

4. 독서 노트
　: 순수이성비판 (칸트)

오류에 대하여

✱ 95. 오류에 대하여 자신의 생각을 종합하시오.

96. 기다림에 대하여

'기다림'이란 무엇인가? 다른 말로 표현하면 무엇인가?

96. 기다림에 대하여

1. 나에 대하여

문제 내가 기다렸던 것, 기다리는 것, 세 가지를 6하 원칙을 사용, 구체적으로 기술하시오. (400자)

2. 창의적 글쓰기: 논설

71

기다림

즐거운 여름밤 서늘한 바람이

알려주는 것들도 적지 않다.

바람이 고요해도

때가 되면

꽃잎은 떨어지리니.

2. 창의적 글쓰기: 논설

내용 1 기다려 성공한 일, 기다리지 못해 실패한 일, 하나씩을 기술하시오. (300자)
내용 2 우리 사회를 비판하고 대안을 제시하시오. (300자)

96. 기다림에 대하여

2. 창의적 글쓰기: 논설

72

자유

삶은

억압을 만들어내는 자와

그것을 해방하는 자의

투쟁의 역사이다.

행복은 항상 해방자의 편이다.

2. 창의적 글쓰기: 논설

내용 1 자신이 현재, 억압에 대해 투쟁하고 있는 것을 기술하시오. (300자)
내용 2 우리 사회를 비판하고 대안을 제시하시오. (300자)

2. 창의적 글쓰기: 논설

73
또 다른 탄생

조용히 시원하고 향기로운 공기를 느낄 수 있는 '고독'과

태양이 자신을 불태우는듯한 '열망'은

사람을 '또 다른 존재'로 탄생시킨다.

2. 창의적 글쓰기: 논설

내용 1 '또 다른 존재'로 태어나기 위해 준비하고 있는 것을 기술하시오. (300자)
내용 2 우리 사회를 비판하고 대안을 제시하시오. (300자)

200자

400자

600자

2. 창의적 글쓰기: 논설

74

냉철한 분노

부조리한 억압에 대항하기 위한 냉철한 투쟁은

내가 약자라면 강하게 만들고

강자라면 고귀하게 만들 것이다.

행복의 조건이다.

2. 창의적 글쓰기: 논설

내용 1 냉철히 분노했던 경험을 기술하시오. (300자)
내용 2 우리 사회를 비판하고 대안을 제시하시오. (300자)

96. 기다림에 대하여

2. 창의적 글쓰기: 논설

75

타인을 위함

이 모든 일이

타인을 위한 것인 줄 알았는데

사실 나를 위한 것이었다.

그런데 그것도 오해였다.

누군가를 위한 일이라는 생각마저 없는 것.

행복의 조건이다.

2. 창의적 글쓰기: 논설

내용 1 내가 타인을 위해 하고 있는 것들을 모두 기술하시오. (300자)
내용 2 우리 사회를 비판하고 대안을 제시하시오. (300자)

200자

400자

600자

96. 기다림에 대하여

2. 창의적 글쓰기: 논설

76

감동 주기

큰 바위는 거의 변하지 않는다.

사람의 마음도 그에 못지않다.

타인의 마음을 움직이려면 감동적인 노력이 필요하다.

행복은 감동과 친구이다.

2. 창의적 글쓰기: 논설

내용 1 타인의 마음을 움직인 또는 움직이지 못했던 경험을 기술하시오. (300자)
내용 2 우리 사회를 비판하고 대안을 제시하시오. (300자)

200자

400자

600자

96. 기다림에 대하여

2. 창의적 글쓰기: 논설

77

존중

자신을 성장시키는 방법은

다른 사람의 생각을

나와 다른 것이 아니라 내 생각의 일부로 느끼는 것이다.

자연스럽게 다른 사람을 존중하게 된다.

2. 창의적 글쓰기: 논설

내용 1 나와 다른, 타인의 생각들을 기억나는 대로 기술하시오. (300자)
내용 2 우리 사회를 비판하고 대안을 제시하시오. (300자)

96. 기다림에 대하여

2. 창의적 글쓰기: 논설

78

길 찾기

다른 사람의 생각을 수용하기 시작하면

지혜는 급격히 증가한다.

그런데 지혜의 숲속에서 길을 잃지 않기란 쉽지 않다.

너무 많은 독서는 좋지 않다.

지혜는 양이 아니라 질이 훨씬 중요하다.

2. 창의적 글쓰기: 논설

내용 1 자신의 지혜를 세 가지로 구분해 기술해보시오. (300자)
내용 2 우리 사회를 비판하고 대안을 제시하시오. (300자)

2. 창의적 글쓰기: 논설

79

나 찾기

나를 위해서 나를 찾으면

나를 찾으나 찾지 못하나

별 차이 없다.

2. 창의적 글쓰기: 논설

내용 1 나를 찾기 위한 행동과 노력들을 기술하시오. (300자)
내용 2 우리 사회를 비판하고 대안을 제시하시오. (300자)

200자

400자

600자

96. 기다림에 대하여

2. 창의적 글쓰기: 논설

80

나 만들기

생각은 나를 만드는 나무를 준비하는 것이고

행위는 나를 조각하는 것이다.

조각되기 전에는 무엇인지 알 수 없다.

2. 창의적 글쓰기: 논설

내용 1 아직 행동하지 않고 생각만하고 있는 것들을 기술하시오. (300자)
내용 2 우리 사회를 비판하고 대안을 제시하시오. (300자)

96. 기다림에 대하여

3. 천자문 (96/125)

枇(비파 비) 杷(비파 파) 晚(늦을 만) 翠(푸를 취)

비파잎은 늦은 겨울에야 그 빛은 푸르고

梧(오동 오) 桐(오동 동) 早(이를 조) 凋(시들 조)

오동잎은 가을이면 먼저 시든다.

비파만취　　　오동조조

枇杷晚翠 이고　　梧桐早凋 라.

기다림은 그렇지 않은 것도 있지만 천천히 기다려야 할 것도 있다.

[한자 세 번, 뜻 한 번을 쓰시오]

4. 인문고전 추천 96

채근담 (홍자성)

　채근담(菜根譚)은 중국 명나라 말기에 문인 홍자성(홍응명(洪應明),환초도인(還初道人))이 저작한 책이다. 책의 구성은 전편 222조, 후편 135조로 구성되었고, 주로 전편은 사람들과 교류하는 것을 말하였고, 후편에서는 자연에 대한 즐거움을 표현 하였다. 그리고, 인생의 처세를 다룬다. 채근이란 나무 잎사귀나 뿌리처럼 변변치 않은 음식을 말한다. 유교, 도교, 불교의 사상을 융합하여 교훈을 주는 가르침으로 꾸며져 있다.

　현재 전해 내려오는 것으로는 명나라 당시에 출간된 홍자성(홍응명)의 채근담 판본과 후에 청나라 시대에 재출간한 채근담 판본과 일본에 전해져서 유통된 채근담 판본이 전해진다. 동서양을 막론하고 인간의 절실한 고민과 해결을 담은 책은 무수히 많지만,《채근담菜根譚》은 그 어느 고전보다 쉽고 단순하게 인생의 참뜻과 지혜로운 삶의 자세를 알려주기 때문에 21세기를 살아가는 오늘날에도 꼭 필요한 인생 지침서이다.

96. 기다림에 대하여

4. 독서 노트 (96)

[채근담에 흐르는 정신(교훈)에 대하여]

1. 저자
   : 홍자성

2. 도서
   : 채근담

3. 독서노트
   (1) 중요한 열 가지 이야기를 기술하시오. (각 100자)
   (2) '채근담'에 흐르는 세 가지 정신(교훈)을, 내용을 인용하면서 각각 설명하시오. (각 300자)

4. 기간
   : 2주

독서노트

(1) 중요하게 생각하는 열 가지 이야기를 기술하시오. (각 100자)

1.

2.

200자

3.

4.

400자

5.

600자

96. 기다림에 대하여

독서노트

(1) 중요하게 생각하는 열 가지 이야기를 기술하시오. (각 100자)

6.

7.

8.

9.

10.

독서노트

(2) '채근담'에 흐르는 세 가지 정신(교훈)을, 내용을 인용하면서 각각 설명하시오. (각 300자)

1.

200자

2.

400자

600자

독서노트

(2) '채근담'에 흐르는 세 가지 정신(교훈)을, 내용을 인용하면서 각각 설명하시오. (각 300자)

3.

Summary

1. 나에 대하여

: 내가 기다렸던 것, 기다리는 것, 세 가지를 6하 원칙을 사용, 구체적으로 기술하시오.

2. 창의적 글쓰기

: 논설

3. 천자문

4. 독서 노트

: 채근담 (홍자성)

기다림에 대하여

✽ 96. 기다림에 대하여 자신의 생각을 종합하시오.

창작의 정석 1

인문철학교육총서

창작의 정석 1

89. 명예로움에 대하여: 수필

90. 숭고함에 대하여: 수필

91. 자기 세계에 대하여: 수필

92. 방향(芳香)에 대하여: 수필

93. 가난함에 대하여: 논설

94. 강함에 대하여: 논설

95. 오류에 대하여: 논설

96. 기다림에 대하여: 논설

인문철학교육총서

인문철학교육총서 1~13권 도서 목록

인문철학교육총서 1~13권 도서 목록 (1)

순서	도서	작가	관련 수업
1	15소년 표류기	쥘 베른	3권 22강
2	걸리버 여행기	스위프트	13권 101강
3	공포와 전율	키르케고르	8권 63강
4	구토	사르트르	5권 35강
5	국가 1	플라톤	1권 6강
6	국가 2	플라톤	1권 8강
7	군주론	마키아벨리	5권 39강
8	권력에의 의지(1권)	니체	9권 72강
9	권력에의 의지(2권)	니체	10권 73강
10	그리스로마 신화	不明	2권 10강
11	그림 동화집	그림	1권 4강
12	금강경	석가모니	13권 98강
13	꿈의 해석(1~3장)	프로이드	9권 67강
14	꿈의 해석(4~5장)	프로이드	9권 71강
15	나비	헤르만 헤세	5권 40강
16	나의 라임오렌지나무	바스콘셀로스	3권 17강
17	노자	노자	6권 45강
18	논어	공자	12권 91강
19	니코마코스 윤리학	아리스토텔레스	11권 86강
20	달과 6펜스	서머싯 몸	3권 20강
21	대학	증자	13권 99강
22	데미안	헤르만 헤세	4권 27강
23	도덕의 계보	니체	12권 89강
24	디아프살마타	키르케고르	3권 17강
25	로빈슨 크루소	대니얼 디포	13권 104강
26	리바이어던	홉스	6권 46강
27	마지막 잎세, 크리스마스 선물	오 헨리	6권 41강
28	맹자	맹자	12권 92강
29	멕베스	셰익스피어	10권 80강
30	명상록 1	아우렐리우스	1권 4강
31	명상록(전권)	아우렐리우스	9권 70강
32	명상록 2	아우렐리우스	2권 13강
33	명상록 3	아우렐리우스	4권 30강
34	모파상 단편집	모파상	2권 14강
35	목민심서	정약용	10권 78강
36	문학이란 무엇인가	사르트르	4권 31강
37	바보이반	톨스토이	1권 3강
38	반시대적 고찰 1	니체	2권 16강
39	반시대적 고찰 2	니체	9권 66강
40	반지의 제왕	톨킨	7권 50강
41	방법서설 1	데카르트	1권 7강
42	방법서설 2	데카르트	7권 56강
43	법구경	법구	5권 33강
44	변신	카프카	3권 24강

인문철학교육총서 1~13권 도서 목록 (2)

순서	도서	작가	관련 수업
45	별, 마지막 수업	알퐁스 도데	4권 26강
46	보물섬	로버트 스티븐슨	2권 11강
47	보왕삼매론	묘협	5권 40강
48	비밀의 화원	프랜시스 버넷	1권 5강
49	빨강 머리 앤	루시 몽고메리	8권 59강
50	사람에게는 얼마만큼의 땅이 필요한가	톨스토이	1권 3강
51	사람은 무엇으로 사는가	톨스토이	1권 3강
52	사랑의 학교	아미치스	1권 7강
53	사회계약론	루소	4권 25강
54	사회계약론	루소	8권 58강
55	삼국유사	일연	4권 25강
56	삼국유사(2)	일연	8권 64강
57	삼국지 1	나관중	2권 15강
58	삼국지 2	나관중	6권 43강
59	생의 한가운데	루이제 린저	3권 18강
60	생의 한가운데(2)	루이제 린저	11권 82강
61	서광	니체	13권 97강
62	선악을 넘어서	니체	11권 81강
63	성찰	데카르트	3권 18강
64	소공녀	프랜시스 버넷	2권 13강
65	소월의 명시	김소월	7권 51강
66	소크라테스의 변명	플라톤	1권 1강
67	수상록	몽테뉴	11권 84강
68	순수이성비판	칸트	12권 95강
69	신논리학	베이컨	2권 9강
70	아라비안나이트	불명	2권 16강
71	안네의 일기	안네 프랑크	4권 25강
72	안데르센 동화집	안데르센	1권 2강
73	어느 개의 고백	카프카	3권 24강
74	어린 왕자 2	생텍쥐페리	2권 14강
75	어린 왕자 1	생텍쥐페리	2권 9강
76	엉클 톰스 캐빈	스토	3권 21강
77	역사철학강의	헤겔	5권 36강
78	예링	권리를 위한 투쟁	7권 54강
79	예언자 1	칼릴지브란	2권 12강
80	예언자 2	칼릴지브란	3권 19강
81	왕자와 거지	마크트웨인	4권 29강
82	육조단경	혜능	12권 94강
82	유토피아	토마스 모어	8권 57강
84	의무론	키케로	5권 34강
85	이방인	까뮈	8권 61강
86	이솝우화(2)	이솝	13권 100강
87	이솝우화 1	이솝	1권 1강
88	이솝우화 2	이솝	4권 32강

인문철학교육총서 1~13권 도서 목록 (3)

순서	도서	작가	관련 수업
89	인간 불평등 기원론	루소	1권 5강
90	인간적인 너무나 인간적인 1	니체	1권 2강
91	인간적인 너무나 인간적인 2	니체	6권 47강
92	인간적인 너무나 인간적인 3	니체	6권 48강
93	일리아드 오디세이	호메로스	6권 44강
94	자본론(1~3편)	마르크스	7권 55강
95	자본론(4~7편)	마르크스	8권 62강
96	잠언	성서	5권 38강
97	장자 1	장자	2권 15강
98	장자 2	장자	7권 49강
99	젊은 베르테르의 슬픔	괴테	3권 19강
100	정치학	아리스토텔레스	5권 37강
101	제인 에어	샬럿 브론테	13권 103강
102	존 S. 밀	자유론	7권 52강
103	존재와 무(2부)	사르트르	9권 69강
104	존재와 무(3부)	사르트르	10권 77강
105	존재와 무(4부)	사르트르	11권 85강
106	존재와 무(서론, 1부)	사르트르	9권 68강
107	존재와 시간(서론)	하이데거	10권 75강
108	주역	不明	9권 65강
109	중용	자사	12권 90강
110	즐거운 지식	니체	10권 76강
111	지하생활자의 수기	도스토예프스키	1권 3강
112	지하생활자의 수기(전권)	도스토엡스키	11권 83강
113	차라투스트라는 이렇게 말했다	니체	3권 22강
114	차라투스트라는 이렇게 말했다(1,2부)	니체	8권 60강
115	차라투스트라는 이렇게 말했다(3,4부)	니체	12권 93강
116	채근담	홍자성	12권 96강
117	철학자들의 생각 1	不明	6권 42강
118	철학자들의 생각 2	不明	6권 44강
119	체호프 단편선	체호프	3권 23강
120	키다리 아저씨	진 웹스터	13권 102강
121	탈무드 1	不明	1권 5강
122	탈무드 2	不明	1권 6강
123	톰 소여의 모험	마크트웨인	1권 8강
124	팡세	파스칼	4권 28강
125	프린키피아	뉴턴	10권 74강
126	국가	플라톤	7권 53강
127	한비자 1	한비	2권 10강
128	한비자 2	한비	3권 21강
129	햄릿	셰익스피어	11권 88강
130	헤세의 명시	헤르만 헤세	10권 79강
131	황금 머리를 가진 사나이	알퐁스 도데	5권 40강
132	황금의 가지	프레이저	11권 87강

창작의 정석 1

명예를 위해 살지 말고
명예롭게 살라.

인문철학교육총서 1~13

고전인문철학수업 1 : 과거를 창조함

고전인문철학수업 2 : 제 3의 탄생

고전인문철학수업 3 : 여유로움과 나태함

고전인문철학수업 4 : 평등한 세상

고전인문철학수업 5 : 배려와 희생

고전인문철학수업 6 : 이해와 사랑

토론의 정석 1 : 약자에 대한 배려

토론의 정석 2 : 계층 문제

논술의 정석 1 : 인간과 문화

논술의 정석 2 : 인간과 평화

논술의 정석 3 : 인간과 합리

창작의 정석 1 : 명예로움에 대하여

창작의 정석 2 : 바라시 않음에 내하여

인문철학교육총서

창작의 정석 1

1판1쇄 ‖ 2024년 1월 1일
지은이 ‖ 이지훈
펴낸곳 ‖ 지성과문학사
등록 ‖ 제251-2012-40호
전화 ‖ 031-707-0190
팩스 ‖ 031-935-0520
이메일 ‖ bookfs@naver.com

ISBN 979-11-91538-38-0 (03100)

출판사의 허락 없이 무단 복제와 무단 전재를 금합니다.
잘못된 책은 구입처에서 교환해 드립니다.
이 책에서 사용된 문양은 한국문화정보센터가 창작한 저작들을 공공누리 제 1유형에 따라 이용합니다.

이 책의 모든 저작권은 지성과문학사가 가지고 있습니다.

✱ 고전인문철학수업 1

1. 과거를 창조함에 대하여 (플라톤, 소크라테스의 변명)
2. 소극적 자유와 적극적 자유에 대하여 (니체, 인간적인 너무나 인간적인)
3. 자유의지에 대하여 (도스토예프스키, 지하생활자의 수기)
4. 자유로운 일과 자유를 주는 일에 대하여 (아우렐리우스, 명상록)
5. 창조의 힘, 개별의지에 대하여 (루소, 인간불평등기원론)
6. 개별의지의 적용에 대하여 (플라톤, 국가 Ⅰ)
7. 선택받는 삶과 선택하는 삶에 대하여 (데카르트, 방법서설)
8. 올바름과 어리석음에 대하여 (플라톤, 국가 Ⅱ)

✱ 고전인문철학수업 2

9. 제3의 탄생에 대하여 (베이컨, 신논리학)
10. 꿈의 구조도에 대하여 (한비, 한비자)
11. 생각의 지도에 대하여 (통합사유철학강의)
12. 숭고한 나눔에 대하여 (칼릴지브란, 예언자)
13. 명예로운 삶에 대하여 (아우렐리우스, 명상록)
14. 우리에게 중요한 것들에 대하여 (생텍쥐페리, 어린 왕자)
15. 삶의 목적에 대하여 (장자, 장자)
16. 참과 진리에 대하여 (니체, 반시대적 고찰)

✱ 고전인문철학수업 3

17. 여유로움과 나태함에 대하여 (키르케고르, 디아프살마타)
18. 성찰과 회복에 대하여 (데카르트, 성찰)
19. 아름다움에 대하여 (칼릴지브란, 예언자)
20. 행동과 열정에 대하여 (서머싯 몸, 달과 6펜스)
21. 겸손과 지혜에 대하여 (한비, 한비자)
22. 인식의 세 단계에 대하여 (니체, 차라투스트라는 이렇게 말했다)
23. 진실과 오해에 대하여 (체호프, 체호프 단편선)
24. 인간의 조건에 대하여 (카프카, 변신)

✽ 고전인문철학수업 4

25. 평등한 세상을 위하여 (루소, 사회계약론)
26. 인간의 본성에 대하여 (알퐁스 도데, 별)
27. 문제와 해결에 대하여 (헤르만 헤세, 데미안)
28. 허영과 충만에 대하여 (파스칼, 팡세)
29. 편견과 본성에 대하여 (마크 트웨인, 왕자와 거지)
30. 자기철학에 대하여 (아우렐리우스, 명상록)
31. 자존과 수용에 대하여 (사르트르, 문학이란 무엇인가)
32. 노력과 만족에 대하여 (이솝, 이솝 우화)

✽ 고전인문철학수업 5

33. 배려와 희생에 대하여 (법구, 법구경)
34. 유익과 선에 대하여 (키케로, 의무론)
35. 존재에 대하여 (사르트르, 구토)
36. 시대정신에 대하여 (헤겔, 역사철학강의)
37. 목적과 자격에 대하여 (아리스토텔레스, 정치학)
38. 인내와 용기에 대하여 (성서, 잠언)
39. 배움의 이유에 대하여 (마키아벨리, 군주론)
40. 성공의 길과 진리의 길에 대하여 (헤르만 헤세, 나비)

✽ 고전인문철학수업 6

41. 이해와 사랑에 대하여 (오헨리, 마지막 잎새)
42. 이해와 득실에 대하여 (냉철한 그리고 분노하는, 철학자들의 생각)
43. 합리적 계책에 대하여 (나관중, 삼국지)
44. 평등과 자격에 대하여 (냉철한 그리고 분노하는, 철학자들의 생각)
45. 시간과 존재에 대하여 (실존을 넘어서)
46. 자유와 평등에 대하여 (홉스, 리바이어던)
47. 관계와 인간에 대하여 (니체, 인간적인 너무나 인간적인 Ⅰ)
48. 나와 [나]에 대하여 (니체, 인간적인 너무나 인간적인 Ⅱ)

✱ 토론의 정석 1
| 인문철학교육총서 7 |

49. 우리 시대 약자는 살기 괜찮은가: 약자에 대한 판결 불공정 문제
50. 우리 시대 교육은 문제없는가: 대학 서열 문제
51. 우리 시대 직업은 그 역할을 다하고 있는가: 직업 서열 문제
52. 우리 시대는 술과 정신병 문제에 대한 대처를 잘하고 있는가: 술, 정신병 문제
53. 우리 시대는 부동산 등 불로소득을 잘 징계하고 있는가: 부동산, 불로소득 문제
54. 우리 시대 종교는 타락하고 있지 않은가: 타락한 종교 문제
55. 우리 시대는 처벌에 대해 평등의 원칙을 잘 준수하는가: 공평한 벌금 문제
56. 우리 시대는 정당방위를 충분히 보장하고 있는가: 정당방위 문제

✱ 토론의 정석 2
| 인문철학교육총서 8 |

57. 우리 시대는 계층 문제를 충분히 고려하고 있는가: 계층 문제
58. 우리 시대의 제사, 결혼, 장례 문화는 적절한가: 제사, 결혼, 장례의 전통 문제
59. 우리 시대는 상속을 왜 허용하면 안 되는가: 상속 문제
60. 우리 시대는 아직 일본과의 관계를 해결하지 못하고 있는가: 일본과의 관계 문제
61. 우리 시대는 남북통일을 잘 추진하고 있는가: 남북한 통일 문제
62. 우리 시대는 한·중·일 3국 연합을 준비하고 있는가: 한중일 연합 문제
63. 우리 시대는 개인의 생명과 안전을 스스로 지킬 수 있는가: 총기 소지 문제
64. 우리 시대는 모두의 인권을 존중해야 하는가: 인권과 사형 문제

✱ 논술의 정석 1
| 인문철학교육총서 9 |

65. 인간과 문화에 대하여: 비교와 추론
66. 인간과 환경에 대하여: 추론과 비판
67. 인간과 문학에 대하여: 비교와 평가
68. 인간과 예술에 대하여: 비교와 관점
69. 인간과 리더에 대하여: 분류와 평가
70. 인간과 평등에 대하여: 비교와 비판
71. 인간과 문명에 대하여: 비교와 대안
72. 인간과 운명에 대하여: 활용과 평가

✽ 논술의 정석 2
| 인문철학교육총서 10 |

73. 인간과 평화에 대하여: 비교와 추론
74. 인간과 기계에 대하여: 비교와 설명
75. 인간과 성취에 대하여: 비교와 평가
76. 인간과 정직에 대하여: 차이와 해석
77. 인간과 공정에 대하여: 핵심과 전개
78. 인간과 사회에 대하여: 추론과 근거
79. 인간과 빈곤에 대하여: 옹호와 비판
80. 인간과 존엄에 대하여: 서술과 한계

✽ 논술의 정석 3
| 인문철학교육총서 11 |

81. 인간과 합리에 대하여: 분류와 추론
82. 인간과 실존에 대하여: 적용과 해석
83. 인간과 발전에 대하여: 분석과 견해
84. 인간과 윤리에 대하여: 논점과 비판
85. 인간과 소외에 대하여: 해석과 대안
86. 인간과 대안에 대하여: 분석과 타당
87. 인간과 신뢰에 대하여: 평가와 추론
88. 인간과 정의에 대하여: 분류와 요약

✽ 창작의 정석 1
| 인문철학교육총서 12 |

89. 명예로움에 대하여: 수필
90. 숭고함에 대하여: 수필
91. 자기 세계에 대하여: 수필
92. 방향(方香)에 대하여: 수필
93. 가난함에 대하여: 논설
94. 강함에 대하여: 논설
95. 오류에 대하여: 논설
96. 기다림에 대하여: 논설

✱ 창작의 정석 2
| 인문철학교육총서 13 |

97. 바라지 않음에 대하여: 우화/동화/시
98. 어리석음에 대하여: 우화/동화/시
99. 우월함에 대하여: 우화/동화/시
100. 무아(無我)에 대하여: 우화/동화/시
101. 감성에 대하여: 소설/극본
102. 의지에 대하여: 소설/극본
103. 거짓에 대하여: 소설/극본
104. 진리에 대하여: 소설/극본

창작의 정석 1